Artischockentechnik

Ideen über Ideen

Artischocken Technik

Dekoratives aus Bändern, Papier und Bast

Maritta von Perbandt
Kerstin Teuber

FALKEN

INHALT

VORWORT

Die Artischockentechnik, auch „Schuppenstecktechnik“ genannt, ist eine Basteltechnik für kreative Oberflächengestaltung, die in den letzten Jahren immer mehr begeisterte Anhänger gefunden hat. Die „schuppenartige“ Anordnung von unterschiedlichsten Materialdreiecken ist der Form einer Artischocke nachempfunden.
Das klassische, streng symmetrische „Artischockenmuster“ wurde in der ersten Zeit nach Bekanntwerden dieser Technik vor allem zur Gestaltung von Kugeln und Eiern verwendet. Im Laufe der Zeit kamen immer neue Styroporformen hinzu, die der Hobbyfachhandel speziell für diese Technik anbot (z. B. Zapfen, Glocken und Dosen).

Wir zeigen in diesem Buch, daß die Artischockentechnik auch auf anderen Formen (z. B. Holzspandosen, Pappschachteln, Lampenschirmen, Karten und vielem mehr) sehr dekorativ eingesetzt werden kann. Dabei eröffnet auch die Verwendung von Papieren und rustikalen Stoffen, anstelle der bislang hauptsächlich verarbeiteten Bänder und Baumwollstoffe, viele neue Gestaltungsmöglichkeiten.
Ihrer Phantasie sind bei dieser Technik keine Grenzen gesetzt. Lassen Sie sich von unseren Gestaltungsideen inspirieren oder für dieses Hobby neu begeistern.

Viel Spaß dabei!

MATERIAL UND TECHNIK

Grundmaterialien

Zur Verarbeitung geeignet sind alle Arten von **Bändern** mit einer Mindestbreite von 2,5 cm. Für Anfänger sind solche Bänder empfehlenswert, die leicht faltbar sind (z.B. Baumwollbänder oder Bänder mit Drahtkanten). Seiden- oder Satinbänder haben den Nachteil, daß sie leicht verrutschen, wodurch die Faltungen ungenau werden können. Bei diesen Bändern sollten Sie die Faltkanten mit Hilfe eines Bügeleisens nachfahren.

Auch **Stoffe**, bevorzugt solche, die sich gut falten lassen, können Sie für die Artischockentechnik verwenden. Besonders schön sehen kleingemusterte Stoffe aus, z.B. Patchworkstoffe, die der Handel in großer Auswahl anbietet.
Nutzen Sie neben Bändern und Stoffen, aber auch einmal die Vielfalt der **Papiere**. Verarbeiten lassen sich alle Arten von Geschenkpapieren. Ob einfarbig oder bunt, glänzend oder matt – Ihr Geschmack alleine entscheidet über die Materialzusammenstellung. Beachten Sie jedoch, daß zu dünnes Papier leicht knittert, und die Oberfläche wirkt außerdem „platt". Bedenken Sie auch, daß Ihre mit Papier gestalteten Arbeiten nicht feucht werden dürfen. Vorsichtshalber sollten Sie sie daher mit transparentem Sprühlack behandeln.

Als Steck- oder Klebeuntergrund für die „Schuppen", die Sie in unterschiedlichen Falttechniken herstellen können (siehe Seite 8), eignen sich bevorzugt symmetrische Formen. Zum Aufstecken von Bändern oder Stoffen sind **Styroporformen** ideal. Im Zuge der Verbreitung der Artischockentechnik hat sich die Auswahl an geeigneten Formen zunehmend vergrößert. Klassisch sind Kugeln, Eier und Kränze. Angeboten werden im Hobbyfachhandel aber auch Glocken, Herzen, Kegel, Zapfen, Dosen und Sterne.

Noch preiswerter und gleichzeitig individueller ist es, wenn Sie sich Ihren Steckuntergrund selbst aus einer Styroporplatte schneiden. Ein scharfes Messer ist hierbei notwendig, um saubere Kanten zu erhalten. „Papierschuppen" können Sie entweder auf einem Styroporuntergrund feststecken oder auf einer **anderen Unterlage** aus Karton, Holz, Ton, Glas und vielem mehr aufkleben.

Schneiden

Je nachdem aus welchem Material Sie die „Schuppen" herstellen, benötigen Sie unterschiedliche Hilfsmittel:

Bänder, die in der Regel in doppelt so lange Stücke geschnitten werden, wie das Band breit ist, werden mit einer **Stoffschere** gekürzt. Markieren Sie die Abschnittlängen entweder mit einem **Lineal** und einem weichen **Bleistift** direkt auf dem Band, oder fertigen Sie sich eine **Pappschablone** in der gewünschten Abschnittlänge an.

Für „Schuppen" aus Stoff können Sie sich die Arbeit erleichtern, indem Sie die Quadrate mit Hilfe eines **mit Rastern versehenen Schneidelineals** (Speziallineal für Patchworkarbeiten) und eines **Rollschneiders** zuschneiden. Hierbei können Sie mehrere Lagen Stoff übereinanderlegen, um Zeit zu sparen. Verwenden Sie dabei eine **Schneideunterlage.** Etwas zeitintensiver, aber dennoch möglich ist es, die Stoffquadrate mit einer Schere zuzuschneiden – nach **Augenmaß** oder mit Hilfe einer Pappschablone und eines Bleistifts.

Auch Papier läßt sich in mehreren Lagen schneiden. Legen Sie jedoch nicht mehr als vier übereinander, damit Sie saubere Schnittkanten erhalten. Mit einem **Papiermesser (Cutter)** und einem mit Rastern versehenen Schneidelineal können Sie viele Papierstreifen in kurzer Zeit zuschneiden. Auch hierbei kann anstelle des Speziallineals eine Pappschablone helfen. Eine Schneideunterlage benötigen Sie in beiden Fällen.

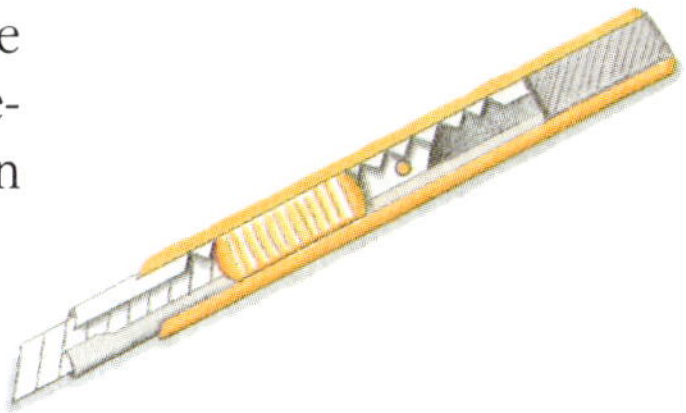

Stecken oder Kleben

Auf einem Styroporuntergrund werden die meist zu Dreiecken gefalteten „Schuppen" (Falttechniken siehe Seite 8) mit **kurzen Stecknadeln mit Flachkopf** festgesteckt. Je nachdem in welcher Falttechnik die einzelne „Schuppe" gearbeitet wurde, wird sie mit 2 bis 5 Stecknadeln befestigt. Bei einer großen Menge solcher Schuppen benötigen Sie entsprechend viele Stecknadeln. Um Ihre Fingerkuppen zu schonen, sollten Sie einen **Fingerhut** verwenden. Grobe, steife Stoffe wie Rupfen oder Bastgewebe müssen mit längeren, schräg eingeführten Stecknadeln fixiert werden. Um das Ausfransen solcher Stoffe zu verhindern, kann man die Schnittkanten der einzelnen „Schuppen" nach dem Aufstecken mit Klebeband sichern.

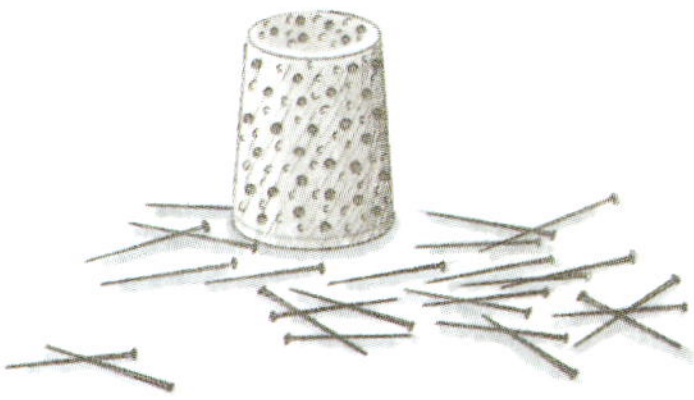

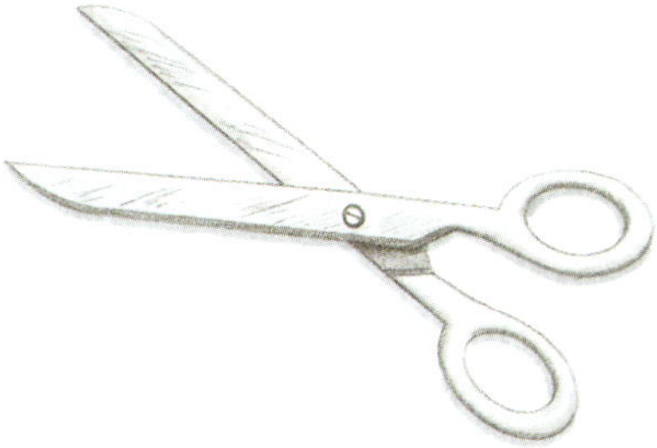

Bei Basisformen, die nicht aus Styropor bestehen (z.B. Holzspandosen, Karten) werden die „Schuppen" mit weißem, schnell abbindendem **Bastelleim** (trocknet transparent aus) aufgeklebt. „Schuppen" aus Papier eignen sich am besten für dieses Verfahren. „Schuppen" aus Bändern oder Stoff lassen sich nur dann gut aufkleben, wenn sie nicht zu groß sind und aus gut faltbarem Material bestehen.

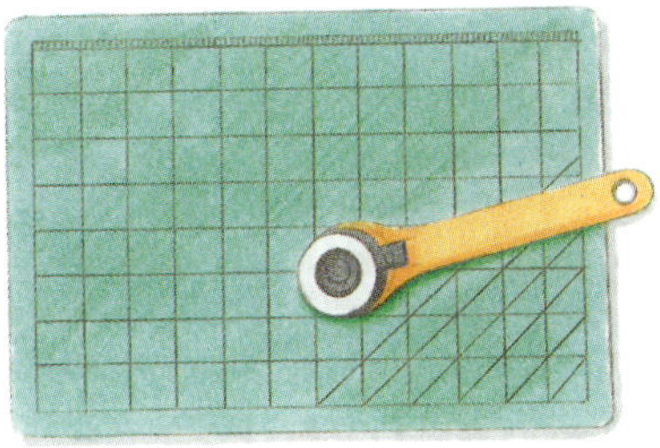

Falt- und Stecktechniken

Falt- und Stecktechniken, die in diesem Buch angewandt wurden (Abb. A–E):

A: Falten Sie aus einem doppelt so langen wie breiten Bandstück ein gleichschenkliges Dreieck, indem Sie die oberen Ecken nach hinten falten. Das entstandene Dreieck (die „Schuppe") wird mit 2 Stecknadeln befestigt.

B: Im Unterschied zu A falten Sie hierbei die oberen Ecken des Bandstückes nach vorne. Die parallel laufenden, mittleren Kanten sind sichtbar. Stecken Sie das Dreieck mit 4 Stecknadeln fest. Wenn die „Schuppen" sehr glatt auf dem Untergrund (der Basisform) aufliegen sollen, fügen Sie an der oberen Dreieckspitze eine 5. Stecknadel hinzu.

C: Bei der Verarbeitung von Stoff und Papier ist die Ausgangsform der „Schuppe" ein Quadrat. Falten Sie das Quadrat zu einem Rechteck, indem Sie 2 gegenüberliegende Kanten aufeinanderlegen. Sollen die mittleren Faltkanten zu sehen sein, werden wie bei B die oberen Ecken des Rechteckes nach vorne gefaltet und mit 4–5 Stecknadeln befestigt. Wenn Sie die mittleren Faltkanten verdecken wollen, falten Sie das rechteckige Stoffstück wie bei A beschrieben.

D: Eine andere Falttechnik, um dreieckige „Schuppen" aus Papier oder Stoff ohne sichtbare, mittlere Faltkanten herzustellen: Falten Sie ein Quadrat zweimal in Diagonalrichtung.

E: Hierbei wird ein Quadrat diagonal zu einem Dreieck gefaltet. Klappen Sie dann die rechte und linke Spitze des entstandenen Dreiecks auf die untere Ecke, es entsteht ein kleines Quadrat.

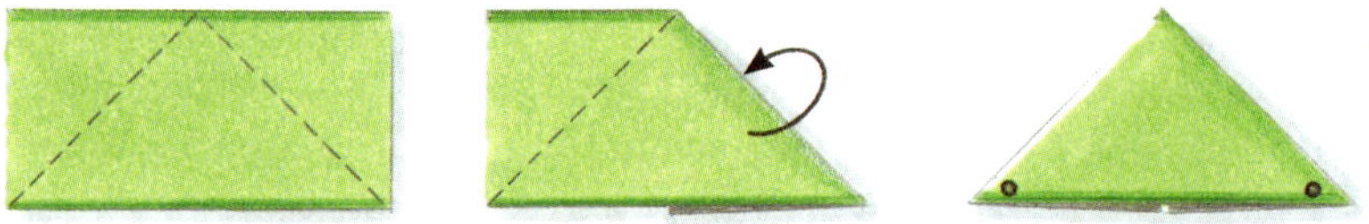

A

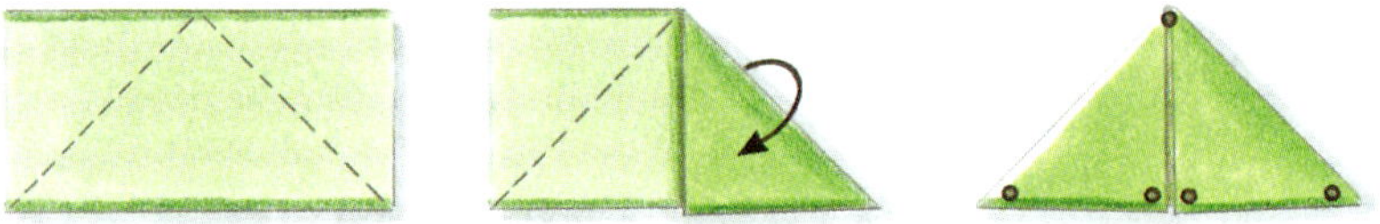

B

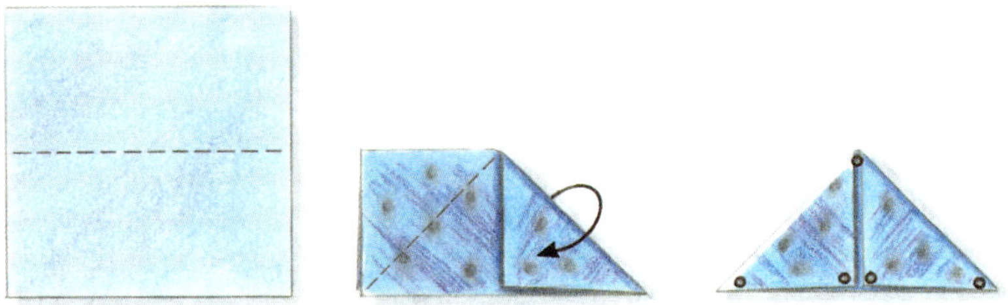

C

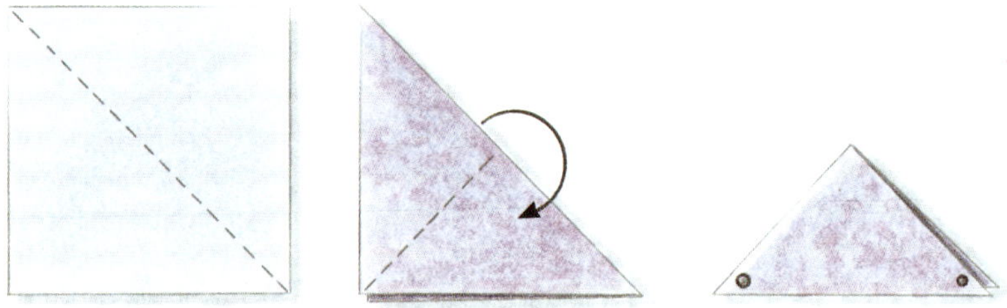

D

E

Die oben gezeigten Falt- und Stecktechniken wurden bei den Kreativ-Arbeiten dieses Buches angewandt

Das Artischockenmuster

Die Anordnung der „Schuppen" ist beim klassischen Artischockenmuster immer gleich:

- Zuerst stecken oder kleben Sie ein farblich passendes Quadrat auf Ihre Basisform. Wer will, kann von den Spitzen ausgehend 4 Hilfslinien über die Form zeichnen **(a)**.
- Die 1. Runde wird aus 4 Dreiecken gebildet, die sich (fast) mit den Spitzen im Mittelpunkt des zuvor befestigten Quadrates berühren. Sie bilden wiederum ein Quadrat, jedoch mit Zwischenräumen **(b)**.
- Die 4 Dreiecke der 2. Runde werden versetzt angeordnet, so daß die Spitzen auf den Zwischenräumen der 1. Runde liegen. Dabei werden sie gleichmäßig ein Stück nach unten verschoben, womit sich die Zwischenräume vergrößern **(c)**.
- Weitere 4 Dreiecke werden im gleichen Abstand wie in der Vorrunde nach unten und zur Seite versetzt. Damit das Muster akkurat wird, sollten die untereinander angeordneten Dreieckspitzen eine Linie bilden **(d)**.
- Ordnen Sie in dieser Folge so viele Runden an, bis die Basisform fast vollständig mit „Schuppen" bedeckt ist. Noch freie Stellen werden je nach Form mit einem Stück des gleichen Materials abgedeckt.

Beachten Sie:
Bei den nachfolgenden Anleitungen haben wir auf eine exakte Angabe der Rundenabstände verzichtet, da Sie je nach Muster des Materials selbst die „Schuppendichte" des Objektes bestimmen sollten. Deshalb ist der angegebene **Materialverbrauch nicht bindend**; es kann durchaus sein, daß Sie etwas mehr oder weniger Teile und Runden als angegeben benötigen.

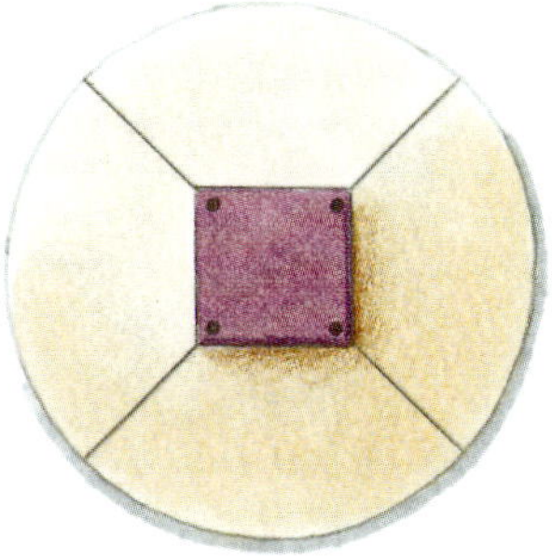

a

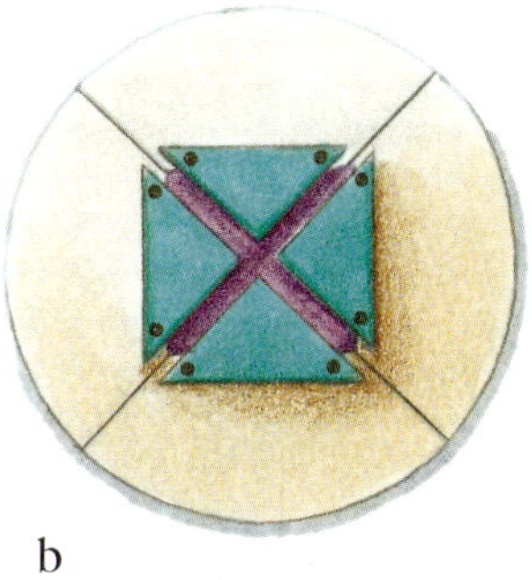

b

c

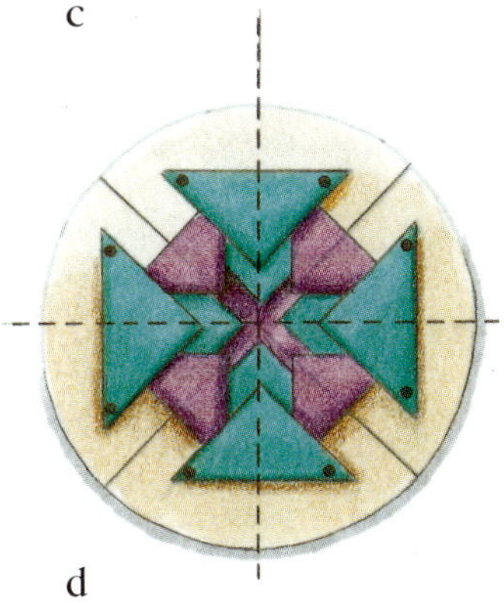

d

Gestaltungstips

Wandeln Sie das klassische Artischockenmuster doch ruhig einmal ab. Bearbeiten Sie durch veränderte „Schuppenanordnung" auch andere Formen und Flächen mit dieser Technik als die, die im Handel speziell dafür vorgesehen sind. Sie werden im nachfolgenden Ideenteil des Buches feststellen, daß eine schuppenartige Oberfläche vielen Objekten einen besonderen Reiz geben kann (siehe z.B. den Fisch auf Seite 20 oder die Bilderrahmen auf Seite 45).

Eine streng symmetrische Anordnung ist bei dieser Kreativtechnik ebensowenig zwingend wie die Beschränkung auf ein bestimmtes Material. Auch können Sie die Größen einzelner „Schuppen" an einem Objekt variieren.

Spielen Sie auch mit den Farben. Anstatt die Basisform mit „Schuppen" in nur einer Farbe zu gestalten, können Sie durch verschiedene Töne interessante Musterungen erzeugen. Wechseln Sie die Farben innerhalb der Runden, um z.B. Streifenmuster, weiche Farbübergänge oder einzelne Akzente zu erzeugen.

Bei der Dekoration Ihrer Artischockengebilde und beim Arrangieren der Werke zusammen mit anderen Gegenständen sind Ihrer Phantasie ebenfalls keine Grenzen gesetzt. Ob rustikal mit Naturmaterialien (siehe Seite 26) oder knallig bunt mit Perlen und Luftballons (siehe Seite 38) – die Vielfalt der möglichen Artischockenformen läßt Ihnen einen großen Gestaltungsspielraum.

SCHÖNES WOHNEN

Prall gefüllt

Mit Efeu, Rosen und Weintrauben gefüllt, ist dieser dekorative Kegel ein Blickfang für jedes Fenster. Auch in der Ecke eines Raumes aufgehängt, wird er große Wirkung haben.

Anleitung

DAS BRAUCHEN SIE:

- Styroporkegel
- Bänder in Altrosa und Grün (einfarbig) und in Altrosa (gemustert)
- grüne Schlingenborte
- Quaste in Altrosa
- bläuliche Seidenefeuranken
- altrosafarbene Seidenrosenrispen
- bordeauxfarbene Dekoweintrauben
- bordeauxfarbene dünne Holzstäbe
- Stecknadeln
- goldenen Basteldraht
- Heißkleber
- Schere
- Messer
- Steckmasse

Hängekegel

- Einen 28 cm hohen Styroporkegel in Artischockentechnik bestecken. Dazu zunächst von dem 4 cm breiten Band 8 cm lange Stücke in Altrosa und Altrosa (gemustert) zuschneiden, von jeder Sorte jeweils 42 Stücke. 84 Bandstücke, nach Falttechnik A gefaltet (siehe Seite 8), werden für diesen Kegel benötigt.
- Zu Beginn die Kegelspitze mit einem Stück altrosafarbenen Band abdecken und in der 1. Runde mit 4 dicht aneinandergelegten altrosafarbenen Dreiecken bestecken. Die Dreieckspitzen 2 cm über die Kegelspitze hinausragen lassen. Die 2. Runde versetzt mit 4 gemusterten Dreiecken arbeiten. Den Farbwechsel nach jeder Runde wiederholen.
- In jeder Farbe 21 Runden à 4 Dreiecke arbeiten. Die Dreieckspitzen jeder Farbe bilden eine Längslinie.
- Den oberen Rand des Kegelbodens mit 2 Runden grüner Schlingenborte abdecken.
- Die runde Kegelbodenfläche mit einer ca. 3 cm dicken Steckmassescheibe bekleben.
- 3 bordeauxfarbene dünne Holzstäbe mit goldenem Basteldraht bündeln und quer über die Steckmasse kleben.
- Aus langen Bandstücken in Altrosa und Grün üppige Schleifen legen und andrahten. Die Bandenden lang auslaufen lassen.
- Aus gemustertem Band 2 Doppelschleifen anfertigen.
- Die Schleifen zusammen mit bläulichen Seidenefeuranken, altrosafarbenen Rosenrispen und bordeauxfarbenen Weintrauben in die Steckmasse stecken und zusätzlich mit Heißkleber fixieren.
- Alles so arrangieren, daß der Kegel von allen Seiten schön aussieht.
- Altrosafarbenes Band mit Stecknadeln und Heißkleber als Aufhängung befestigen und eine Quaste an die Kegelspitze kleben.
- Um eine Quaste selbst herzustellen, mehrere Perlgarnfäden zuschneiden (z.B. Quastenlänge 10 cm = Fadenlänge 20 cm). Die Perlgarnfäden in der Mitte mit einem Faden abbinden, den Strang aus Fäden nun auf die Hälfte legen und in mehreren Runden mit Perlgarn oder Goldschnur umwickeln.

Elegant

Dieser große Kerzenleuchter benötigt viel Platz, damit er in voller Pracht wirken kann. Ein farbharmonisches Schmuckstück für einen besonderen Raum.

Anleitung

Kerzenleuchterdekoration

- Für die große Artischocke eine Styroporkugel mit 10 cm Durchmesser mit bordeaux- und rosafarbenen Bänderdreiecken bestecken, dafür zunächst von dem 4 cm breiten Band 36 Stücke à 8 cm in Bordeaux und 32 Stücke à 8 cm in Rosa zuschneiden. Es werden also 68 Stücke benötigt, gefaltet nach Technik A (siehe Seite 8).
- Zu Beginn für die Mustermitte ein zusätzliches Stück rosafarbenes Band schneiden und aufstecken.
- Dann das Artischockenmuster in folgender Farbanordnung arbeiten: die 1. – 6. Runde mit je 4 Dreiecken in Bordeaux, die 7. und 8. Runde in Rosa, die 9. und 10. Runde in Bordeaux, die 11. – 13. Runde in Rosa, die 14. Runde in Bordeaux und zum Schluß die 15. – 17. Runde in Rosa.
- Die kleinere Artischocke aus einer Styroporkugel mit 7 cm Durchmesser gestalten, dafür die gleichen Bänder verwenden wie bei der großen Artischocke. Die Bandstücke in gleicher Größe und Falttechnik vorbereiten: 24 Stücke in Rosa, 16 Stücke in Bordeaux.
- Die 1. – 4. Runde in Bordeaux, und die 5. – 10. Runde in Rosa arbeiten.
- Für einen Blumentopfuntersetzer aus Kunststoff (14 cm Durchmesser) Steckmasse zuschneiden und aufkleben.

- In die Unterseite der Artischockenkugeln Zahnstocher stecken und festkleben, und die Kugeln damit in der Steckmasse anordnen.
- Aus unterschiedlichen Bändern in Bordeaux, Altrosa und Grün sowie aus bordeauxfarbener Kordel üppige Schleifen legen und andrahten.
- Die Schleifen zusammen mit langen Seidenefeuranken, rosafarbenen Blütenrispen, altrosafarbenen Rosenrispen und bordeauxfarbenen Dekoweintrauben auf der Steckmasse mit Heißkleber arrangieren.
- Das fertige Gesteck auf den Eisenkerzenleuchter stellen und gegebenenfalls mit Draht befestigen.

DAS BRAUCHEN SIE:

- Styroporkugeln
- Bänder in Bordeaux, Rosa, Altrosa und Grün
- bordeauxfarbene Kordel
- lange Seidenefeurispen
- lange rosafarbene Seidenblütenrispen
- altrosafarbene Rosenrispen aus Seide
- bordeauxfarbene Dekoweintrauben
- Stecknadeln
- Heißkleber
- Basteldraht
- Steckmasse
- Blumentopfuntersetzer
- Schere
- Messer
- hohen Eisenkerzenleuchter
- Kerzen

(K)ein blaues Wunder

Die Farbharmonie von Blau und Grün macht den Charme dieser Dekorationen aus. Langanhaltende Freude ist gewiß.

DAS BRAUCHEN SIE:

- Styroporeier
- Styroporkugel
- Bänder in Grün, Dunkel- und Petrolblau
- Seidenefeuranken
- Dekofarn
- große Seidenblätter
- Papier- und Wachsrosen in Dunkel- und Petrolblau
- blaue Seidenblumen
- Dekokorb
- Teller
- Glaskugeln
- Muschel
- Kerzenleuchter
- Kerzen
- Steckmasse
- Rundholzstäbe
- Stecknadeln
- Heißkleber
- Schere
- Basteldraht

Anleitung

Dekokorb

- 3 große Styroporeier (jeweils 10 cm hoch) in Artischockentechnik bestecken. Dafür zunächst aus dem dunkel- und petrolblauen 4 cm breiten Band pro Ei und Farbe jeweils 32 Stücke à 8 cm schneiden. Es werden insgesamt also 192 Stücke benötigt. Alle Bandstücke nach Technik A falten (siehe Seite 8).
- Zu Beginn mit einem kleinen Bandstück die Spitze der Eier abdecken, danach jedes Ei in 16 Runden mit jeweils 4 Dreiecken bestecken; nach jeder Runde die Farbe wechseln.
- Dünne Rundholzstäbe oder Schaschlikspieße in die freibleibende, breite Eiunterseite bohren und zusätzlich mit Heißkleber fixieren.
- Steckmasse in einen Dekokorb kleben. Danach Wachsrosen in Dunkel- und Petrolblau, grünen Dekofarn und 1 großes Seidenblatt hineinstecken, so daß die Dekoration an einer Korbhälfte seitlich herausragt.
- Die andere Korbhälfte mit gedrahteten Schleifen aus breitem, farblich abgestimmtem Spitzenband und mit einfarbig blauen Schleifen füllen.
- Die Artischockeneier in derselben Korbhälfte in die Steckmasse stecken und mit Heißkleber fixieren

Teller

- Styroporkugel mit 10 cm Durchmesser in Artischockentechnik bestecken. Dazu 8 cm lange und 4 cm breite Stücke von blauem und grünem Band schneiden (64 blaue und 16 grüne) und wie bei den Eiern im Dekokorb zu Dreiecken falten.
- Ein Stück blaues Band aufstecken, danach von dort aus 20 Runden mit je 4 Dreiecken in folgender Farbfolge aufstecken: 1. – 3. Runde in Dunkelblau, 4. und 5. Runde in Grün, 6. – 9. Runde in Blau, 10. und 11. Runde in Grün, 12. – 20. Runde in Blau.
- Auf einen farblich abgestimmten Teller 4 große Seidenblätter, 1 Efeuranke und 1 blaue Papierrose kleben.
- Artischockenkugel mit Heißkleber aufkleben, Glaskugeln und 1 Muschel rundherum verteilen.

Kerzenleuchter

- Aus blauem und grünem Rupfenband je eine Doppelschleife legen und drahten, mit überstehendem Draht am Leuchter befestigen und zusätzlich mit Heißkleber fixieren.
- Artischockenei in Grün und Blau wie beim Dekokorb arbeiten.
- Anschließend das Ei auf die Schleifen kleben und am Fuß des Leuchters arrangieren.
- Efeuranken, blaue Seidenblumen und Schleifen aus schmalem blauen Band als zusätzliche Verzierung anbringen.

Eine runde Sache

Kränze als Tisch-, Tür- oder Wanddekoration – bei der Farbzusammenstellung und Dekoration sind Ihrer Phantasie keine Grenzen gesetzt.

Anleitung

Kranz in Blau und Gelb

- Als Steckunterlage dient ein Styroporkranz mit 21 cm Außendurchmesser.
- Von 4 cm breitem Band 8 cm lange Stücke zuschneiden: ca. 60 Stücke von dem gelben, gemusterten und 60 Stücke von dem blauen, einfarbigen Band. Insgesamt werden rund 120 Stücke benötigt und nach Technik A gefaltet (siehe Seite 8).
- Die gewölbte Kranzvorderseite pro Reihe mit jeweils 2 Dreiecken einer Farbe bestecken. Dazu in der 1. Reihe mit 2 einfarbig blauen Dreiecken beginnen, dabei die äußere Dreiecksspitze ca. 1,5 cm über den äußeren Rand hinausragen lassen und auf der flachen Kranzrückseite feststecken. In der 2., versetzt aufgesteckten Reihe ebenso mit der ganz innen liegenden Spitze des gelbgemusterten Dreieckes verfahren.
- Die Dreiecke liegen in der Kranzinnenrundung dichter beieinander, die Abstände vergrößern sich zum Kranzaußenrand.
- Die Kranzrückseite mit 4 cm breitem, blauem Band abdecken.
- Üppige Schleifen drahten und mit Heißkleber am Aufhängeband befestigen.

Kranz in Pink und Blau

- Diese Variation in Falttechnik und Anordnung der Bänderdreiecke wie den blau-gelben Kranz arbeiten, diesmal aber als Steckunterlage einen Styroporkranz mit 30 cm Außendurchmesser verwenden.
- Zu Beginn von dem pinkfarbenen und dem blauen, gemusterten Band jeweils ca. 110 Stücke à 8 cm schneiden.
- Aus farblich passenden Bändern die Schleifendekoration und Aufhängung herstellen und festkleben.

DAS BRAUCHEN SIE:

- Styroporkränze
- Bänder in Blau und Pink (einfarbig) und in Gelb und Blau (gemustert)
- Stecknadeln
- Schere
- Basteldraht

Mit Fisch und Kegel

Hergestellt aus schillernd blauem Geschenkpapier - vielleicht einmal ein schöner Blickfang für Ihr Badezimmer?

Anleitung

Fisch

- Aus einer 2,5 cm starken Styroporplatte eine stilisierte Fischform ausschneiden (26 x 16 cm), mit Aluminiumfolie beziehen.
- 75 einfarbig blaue und 40 blau-gold gemusterte Quadrate à 6 x 6 cm zuschneiden.
- Je 1 blaues und 1 gemustertes Quadrat nach Technik E falten, alle anderen nach Falttechnik D herstellen (siehe Seite 8).
- Zuerst die obere Schwanzflossenhälfte von oben nach unten bis zur Mitte bestecken, die untere Hälfte gegengleich arbeiten.
- Mit den beiden nach Technik E gefalteten Quadraten die Steckrichtung, vom Schwanz zum Kopf hin, ändern. Nach jeder 2. oder 3. Reihe die Farbe wechseln.
- Die äußeren Dreiecke einer jeden Reihe zur Rückseite umklappen und feststecken.
- Den Kopf mit transparentem Goldband bekleben. Aus dem gleichen Band einen spiralförmigen Schlauch drehen, mit Bastelleim festkleben und an Kopfober- und -unterseite feststecken.
- Das Auge aus blauem Papier ausschneiden und aufkleben.
- Die Fischrückseite mit einfarbigem Papier oder mit Pappe bekleben.

Kegel

- Für diesen 20 cm hohen Kegel mit einem Standflächendurchmesser von 8,5 cm Quadrate in 2 Größen zuschneiden: 18 einfarbig blaue und 12 blau-gold gemusterte (5 x 5 cm) sowie 40 einfarbig blaue und 18 blau-gold gemusterte (6 x 6 cm). Die Dreiecke nach Falttechnik D herstellen.
- Die Kegelspitze mit Aluminiumfolie und Goldband überziehen.
- Mit den kleinen Dreiecken (4 Stück pro Runde) an der Kegelspitze beginnen. Ab der 11. Runde mit den großen Dreiecken bis zum Kegelboden weiterarbeiten. Dabei jeweils im Wechsel 3 Runden blaue und 2 Runden gemusterte Papierdreiecke aufstecken.

Kugel

- Auf einer Styroporkugel mit 5 cm Durchmesser ein gemustertes Stück Papier befestigen. Dort beginnend die Kugel mit 12 einfarbig blauen und 8 blau-gold gemusterten Papierdreiecken im Artischockenmuster bestecken (gefaltet aus 6 x 6 cm großen Quadraten nach Technik C).
- Zum Schluß die Arbeit mit einem ungefalteten Quadrat beenden.

DAS BRAUCHEN SIE:

- Styroporplatte
- Styroporkegel
- Styroporkugel
- glänzendes Geschenkpapier in Blautönen
- transparentes Goldband
- Aluminiumfolie
- Stecknadeln
- weißen Bastelleim
- Schere
- scharfes Messer
- Lineal
- Bleistift

Sommergrüße

Fangen Sie mit diesen Dekorationen im Landhausstil die schönen Farben des Spätsommers ein. Warme Gelb- und Brauntöne stimmen auf den Jahreszeitenwechsel ein.

DAS BRAUCHEN SIE:

- Styroporkugeln
- Styroporkranz
- Schleifenbänder in Gelb, Rost, Lachs, Braun, Hell- und Dunkelgrün
- Filz
- Holzgitter
- Rundholzstab
- Seidenefeu und einzelne große Seidenblätter
- grünes Kreppklebeband
- Bast
- Weidenkorb
- Steckmasse
- Hafer und Stroh
- Stecknadeln
- Heißkleber
- weißen Bastelleim
- Zahnstocher
- Basteldraht
- Schere
- scharfes Messer

Anleitung

Sonnenblume

- Eine halbierte Styroporkugel mit 8 cm Durchmesser und einen Styroporkranz mit 15 cm Durchmesser als Steckunterlage verwenden.
- Für die Halbkugel 40 rostfarbene Bandstücke à 8 x 4 cm schneiden und nach Technik A (siehe Seite 8) falten. Damit 10 versetzte Runden à 4 Dreiecke im klassischen Artischockenmuster feststecken, in der Mitte mit einem kleinen Bandstück beginnen.
- Den Kranz auf der gewölbten Vorderseite mit 80 gelben, nach Technik B gefalteten Bänderdreiecken (à 8 x 4 cm) bestecken: Für die 1. Runde an der Kranzaußenkante 8 Dreiecke verwenden. Die 9 Folgerunden jeweils versetzt zur Vorrunde gleichmäßig bis zum Kranzinneren arbeiten.
- Die besteckte Halbkugel mit Heißkleber in der Kranzmitte befestigen.
- Die Blütenrückseite mit Filz oder Stoff bekleben.
- Einen Rundholzstab mit grünem Kreppklebeband umwickeln und dabei 3 große Seidenblätter einarbeiten. Den Stab an der Blütenrückseite befestigen.
- Die fertige Sonnenblume auf einem ca. 30 x 40 cm großen Holzgitter festkleben; das Arrangement mit gelben und grünen Schleifen und mit Bast dekorieren.

Korb

- 2 Styroporkugeln (6 cm und 8 cm Durchmesser) mit 8 cm langen, nach Falttechnik A gefalteten Bandstücken bestecken (4 cm breit). Insgesamt werden folgende Dreiecke benötigt: 4 in Lachs, 12 in Rost, 28 in Gelb, 4 in Braun, 8 in Hellgrün und 48 in Dunkelgrün.
- Die Farbanordnung bei der kleinen Kugel: Anfangsstück (kleines Quadrat) und 1. Runde Lachs, 2. und 3. Runde Rost, 4. und 5. Runde Gelb, 6. – 11. Runde Dunkelgrün.
- Die Farbanordnung bei der großen Kugel: Anfangsstück Lachs, 1. Runde Rost, 2. Runde Gelb, 3. Runde Braun, 4. – 7. Runde Gelb, 8. und 9. Runde Hellgrün, 10. – 15. Runde Dunkelgrün.
- Steckmasse in einen Korb kleben und die auf der Unterseite mit je einem Zahnstocher versehenen Artischockenkugeln hineinkleben.
- Efeu, Stroh und Hafer mit Draht zu Büscheln binden, im Korb anordnen und mit Heißkleber befestigen.
- Das Arrangement mit Schleifen dekorieren.

Erntezeit

Damit Sie an dieser Dekoration lange Freude haben, sollten Sie das Getreide kurz vor der Ernte schneiden und es bis zur Verarbeitung mit den Ähren nach unten hängend lagern.

Anleitung

DAS BRAUCHEN SIE:

- Styroporkugeln
- Bänder in Lachstönen, Gelb und Grün (einfarbig und gemustert), zusätzlich kariertes Band
- Strohkranz
- Rundholzstab
- Hafer
- Weizen
- lachsfarbene Seidenblumen
- Blumendraht
- Basteldraht
- Schere
- Stecknadeln
- Heißkleber

Artischocke im Getreidekranz

- Für die Artischocke eine Styroporkugel mit 8 cm Durchmesser mit 3 verschiedenfarbigen Bändern (jeweils 4 cm breit) bestecken. Dazu jeweils 8 cm lange Bandstücke schneiden und nach Technik A (siehe Seite 8) falten. Benötigt werden folgende Dreiecke: 8 in zartem, 8 in dunklem Lachs und 40 gemusterte.
- Für die 1. und 2. Runde je 4 Dreiecke in zartem Lachs, für die 3. und 4. Runde je 4 Dreiecke in dunklem Lachs und für die 5.–14. Runde ebenfalls je 4 Dreiecke gemustertes Band verwenden.
- Einen Strohkranz mit 30 cm Durchmesser mit Hafer- und Weizenbüscheln umwickeln; dabei an einem Punkt beginnen und in zwei Richtungen arbeiten.
- Den Scheitelpunkt des Kranzes oben mit kariertem Band abbinden.
- Zusätzlich üppige Schleifen legen, drahten und zusammen mit lachsfarbenen Seidenblumen und Getreideähren arrangieren. Alles mit Heißkleber befestigen.
- Die Artischocke zum Schluß auf die Schleifen kleben.

Artischockenstabkugel

- Eine Styorporkugel mit 7 cm Durchmesser in gleicher Falt- und Stecktechnik bestecken, wie bei der Artischockenkugel im Getreidekranz beschrieben. Lediglich die Farbanordnung der ersten 4 Runden sind anders: die 1. und 2. Runde mit Dreiecken aus dunkel-lachsfarbenem Band, die 3. und 4. Runde aus zart-lachsfarbenem Band arbeiten. Für die 5. – 11. Runde gemusterte Banddreiecke verwenden.
- Aus 1 – 1,5 cm breiten Bändern in den Farben Lachs, Gelb und Grün üppige Schleifen legen und drahten.
- Die Artischockenkugel auf einem ca. 60 cm langen Rundholzstab mit Heißkleber befestigen.
- Hafer zu Büscheln binden und von unten gegen die Artischockenkugel kleben.
- Zum Schluß die Schleifen mit Heißkleber anbringen.

Natur pur

Dekoratives aus Naturmaterialien wirkt nicht nur zu Weihnachten schön. Eine hervorragende Ergänzung dazu sind die Artischockenkugeln aus Rupfenstoff und -bändern.

Anleitung

Kranz mit Naturmaterialien

- Für die große Artischocke eine Styroporkugel mit 7 cm Durchmesser verwenden.
- Vom hellen, 2,5 cm breiten Rupfenband 36 Stücke à 5 cm, vom dunklen, 4 cm breiten Band 28 Stücke à 8 cm schneiden.
- Alle Bandstücke nach Technik A (siehe Seite 8) falten.
- Danach die Kugel in 9 hellen, die folgenden 7 Runden mit dunklen Rupfenbanddreiecken bestecken.
- Für die kleinen Artischocken Styroporkugeln mit 5 cm Durchmesser verwenden und mit den gleichen Bändern wie die große Artischocke gestalten. Dabei zur Abwechslung eine Kugel mit hellem Rupfenband in 9 Runden, die andere Kugel abwechselnd mit 1 Runde dunklem und 1 Runde hellem Rupfenband bestecken.
- Einen Styroporkranz mit 30 cm Durchmesser mit 15 cm breiten Streifen aus Rupfenstoff umwickeln.
- Schleifen aus hellem Rupfenband, Rupfenspitze, Sisalschnur und Hanf anfertigen und auf den Kranz kleben.
- Die Artischockenkugeln zusammen mit Weizen, Walnüssen, getrockneten Apfel- und Apfelsinenscheiben, Zimtstangen und Erlenzapfen auf dem Kranz mit Heißkleber befestigen.

Rupfenkugel

- Eine große Styroporkugel mit 12 cm Durchmesser mit Dreiecken aus grobem Rupfenstoff (Meterware) bestecken. Dafür 70 Quadrate à 8 x 8 cm schneiden, nach Technik C falten und die Dreiecke vor der Weiterverarbeitung bügeln.
- Die Kugel mit den Dreiecken (5 pro Runde) bestecken, 14 Runden sind nötig. Dabei die Stecknadeln leicht schräg einstecken, da der Stecknadelkopf sonst leicht durch das Gewebe rutscht.
- Auf die freibleibende Fläche der Kugeloberseite Sisalschnur als Aufhängung ankleben und zusätzlich mit Stecknadeln fixieren.
- Lange Zimtstangen oben quer über die Artischockenkugel kleben, Rupfenband- und Sisalschleifen, Weizenähren, Ziermohnkapseln und Tannenzapfen mit Heißkleber befestigen.

DAS BRAUCHEN SIE:

- Styroporkugeln
- Styroporkranz
- helles und dunkles Rupfenband
- Rupfenstoff
- Rupfenspitze
- Sisalkordel
- Hanf
- Weizen
- Walnüsse
- getrocknete Apfel- und Apfelsinenscheiben
- Zimtstangen
- Erlenzapfen
- Tannenzapfen
- Ziermohnkapseln
- Stecknadeln
- Schere
- Heißkleber
- Basteldraht
- Bügeleisen

Guten Abend, gute Nacht ...

Ein so stimmungsvoller Nachttisch macht das Zubettgehen noch einmal so schön.

Anleitung

Nachttischlampe

- 60 Quadrate aus goldfarbenem Papierkreppband und 75 Quadrate aus Pergamentgeschenkpapier à 6 x 6 cm zuschneiden und nach Technik D (siehe Seite 8) falten.
- Am oberen Lampenschirmrand 5 goldfarbene Papierdreiecke mit Bastelleim aufkleben. In der 2. Runde mit gemustertem Papier weiterarbeiten und danach in jeder Runde die Farbe wechseln.
- Ab der 7. Runde zusätzliche gemusterte Dreiecke gleichmäßig verteilt dazukleben.
- Mit 2 Runden goldfarbener Papierdreiecke enden, den unteren Lampenschirmrand mit einem Streifen desselben Papiers umkleben.
- Ein goldfarbenes Stück Papierkreppband mit Gold- und Kupferdraht sowie Trockenblumen verzieren und zur Dekoration locker um den Lampenschirm winden.
- Den Rand und die Verzierung mit Monden und Sternen bekleben.

Kleines Schmuckkästchen

- Den Deckel eines 9 x 5 cm großen Holzkästchens mit 22 gemusterten Pergamentpapier- und 14 goldfarbenen Papierkreppbanddreiecken verzieren. Dazu zunächst die Dreiecke aus 3 x 3 cm großen Quadraten nach Falttechnik D herstellen.
- Das Artischockenmuster im Deckelmittelpunkt mit gemustertem Pergamentpapier beginnen. Nach jeder Runde die Farbe wechseln.
- Ab der 4. Runde zu den Deckellängsseiten hin weitere Dreiecke versetzt dazukleben.
- Am Deckel überstehendes Papier abschneiden und den Deckelrand mit Pergamentpapierstreifen bekleben.
- Die untere Kästchenhälfte mit Sternen und Monden verzieren.

Lesezeichen

- Aus Tonkarton ein 15 x 5 cm großes Rechteck zuschneiden.
- 42 Papierquadrate à 3 x 3 cm herstellen (18 gold-, 16 fliederfarbene, 8 gemusterte) und nach Technik C falten.
- Mit 4 fliederfarbenen Dreiecken das Artischockenmuster beginnen. In der 2. und 3. Runde gemusterte Papierdreiecke verwenden.
- Die beiden Hälften getrennt voneinander fertigstellen, dabei je 3 gold- und fliederfarbene Dreiecke abwechselnd aufkleben.
- Umrandung aus goldfarbenem Papierkreppband herstellen, die Rückseite des Lesezeichens mit demselben Material bekleben.
- Einen schmalen Papierstreifen durch ein Loch im Lesezeichen ziehen und festknoten.
- Den Rand und Streifen mit Monden und Sternen verzieren.

DAS BRAUCHEN SIE:

- Nachttischlampe mit Stofflampenschirm
- Holzkästchen
- Tonkarton
- Pergamentgeschenkpapier
- gold- und fliederfarbenes Papierkreppband
- goldene Monde
- silberne Sterne
- Trockenblumen
- Gold- und Kupferdraht
- weißen Bastelleim
- Lineal
- Schere
- Papiermesser (Cutter)
- Locher

GESCHENKIDEEN

Tierisch bunt

Aus bunten Bänderresten sind diese lustigen Gesellen zur Dekoration im Kinderzimmer schnell hergestellt.

Anleitung

Marienkäfer

- Als Körper dient eine halbierte Styroporkugel mit 7 cm Durchmesser.
- Die gewölbte Kugelseite mit 22 Dreiecken aus 8 x 4 cm großen roten Bandstücken bestecken (nach Falttechnik B, siehe Seite 8). Dazu mit 2 Dreiecken am Käferhinterteil beginnen. Die oberen Dreiecksspitzen stoßen in der Mitte der Halbkugel zusammen. Seitlich der Halbkugel die Ecken überstehen lassen, an der flachen Kugelunterseite feststecken.
- In der 2. Reihe ein Dreieck auf Mitte versetzt nach unten anordnen. In der 3. Reihe 2 Dreiecke so aufstecken, daß die sichtbaren Bänderkanten eine gerade Linie bilden.
- Die Anordnung der 2. und 3. Reihe ständig wiederholen, bis der Rumpf bedeckt ist.
- Für den Kopf ein Stück einer in 4 Teile geschnittenen Styroporkugel (5 cm Durchmesser) mit schwarzem Filz bekleben und mit Heißkleber am Körper befestigen.
- Die Käferunterseite mit Filz bekleben.
- Die Füße, Fühler und den Rückenmittelstreifen aus schwarzen Pfeifenputzerstücken herstellen.
- 6 schwarze Holzperlen mit Stecknadeln mit schwarzen Köpfen auf dem Rücken befestigen.
- 2 Kulleraugen und 1 Stecknadel mit rotem Kopf bilden das Gesicht.

Raupe

- 6 Styroporkugeln à 6 cm Durchmesser mit jeweils 40 Dreiecken aus einfarbigem Band bestecken (nach Falttechnik B). Jeweils 10 Runden à 4 Dreiecke arbeiten.
- Die Kugelunterseiten mit grünen Filzkreisen abdecken.
- Alle Kugeln mit Heißkleber aneinanderreihen und auf der Unterseite durch einen grünen Filzstreifen miteinander verbinden.
- Mehrere Pfeifenputzerstücke als Beine ankleben, 2 Kulleraugen befestigen und eine kleine rote Holzkugel mit Stecknadel mit rotem Kopf als Mund aufstecken.

Bunte Blume im Schirm

- Die Blume im Prinzip genauso herstellen wie die Sonnenblume (siehe Seite 22), diesmal aber beliebig bunte Blätter verwenden.
- Die fertige Blume und Efeuranke mit Heißkleber auf einen Schirm aus Zweigen aufkleben.

DAS BRAUCHEN SIE:

- Styroporkugeln
- Styroporkranz
- Bänder in Rot und beliebigen anderen Farben
- schwarzen und grünen Filz
- schwarze Pfeifenputzer
- Schirm aus Zweigen
- Efeu aus Seide
- schwarze und rote Holzperlen
- Stecknadeln mit rotem und schwarzem Kopf
- einfache Stecknadeln mit Flachkopf
- Kulleraugen
- Heißkleber
- weißen Bastelleim
- Schere
- scharfes Messer

Einfach dekorativ

Mit Hilfe einer Artischockenkugel, farblich darauf abgestimmten Bändern und Seidenblumen werden einfache Holzspandosen zu echten Dekorationsstücken.

DAS BRAUCHEN SIE:

- Holzspandosen in verschiedenen Größen
- Styroporkugeln
- Bänder in Rosé-, Bordeaux- und Grüntönen
- Bastelfarbe in Grün und Bordeaux
- Spitzenband in Bordeaux
- Goldborte
- goldene Perlenschnur
- bordeauxfarbene Kordel
- Seidenblumen
- Efeublätter
- Stecknadeln
- Heißkleber
- Pinsel
- Basteldraht
- Schere

Anleitung

Große bordeauxfarbene Dose

- Die Spandose von innen und außen mit bordeauxfarbener Bastelfarbe anmalen und gut trocknen lassen.
- Eine Styroporkugel (5 cm Durchmesser) mit rosafarbenem Band bestecken. Hierfür zunächst 32 Stücke à 8 x 4 cm schneiden und nach Technik A (siehe Seite 8) falten.
- Für die Mustermitte ein Stück bordeauxfarbenes Band aufstecken. Dann die Kugel in 8 Runden à 4 Dreiecke bestecken.
- Bänder in Grün und Bordeaux zu Schleifen drahten und mit den Seidenblumen und der Artischockenkugel auf dem Dosendeckel arrangieren. Alles mit Heißkleber befestigen.

Ovale Dose mit grünem Deckel

- Die Dose mit grüner Bastelfarbe innen und außen bemalen.
- Aus altrosa- und bordeauxfarbenem Band (2,5 cm breit) 20 Stücke à 5 cm schneiden.
- Die Bänderstücke nach Technik A falten und auf der Styroporkugel (4 cm Durchmesser) feststecken. Nach jeder Runde die Farbe wechseln.
- Schleifen aus bordeauxfarbenen Bändern, Spitzen und Kordeln zusammen mit den Seidenblumen und der Artischocke auf dem Dosendeckel mit Heißkleber anbringen.
- Den Deckelrand und die untere Hälfte der Dose mit Band bekleben.

Runde Dose mit Goldrand

- Die Spandose von innen und außen mit grüner Bastelfarbe bemalen.
- Nach dem Trocknen den Deckelrand und die untere Dosenhälfte mit goldener Borte bekleben.
- Für die Artischocke (6 cm Durchmesser) 48 Stücke aus 4 cm breitem Band schneiden (je 24 Stücke in Rosé und Bordeaux) und nach Technik A falten.
- Zu Beginn ein Stück roséfarbenes Band aufstecken.
- Das Artischockenmuster in farblich einheitlichen Runden (1. – 3. Runde bordeaux, 4. – 9. Runde rosé und 10. bis 12. Runde bordeaux) bilden.
- Aus Schleifen- und Spitzenband je eine Doppelschleife binden.
- Bordeauxfarbene Kordel und goldene Perlenschnur mit den Schleifen und künstlichen Efeublättern auf dem Dosendeckel anordnen. Zuletzt die Artischockenkugel hinzufügen und alles mit Heißkleber fixieren.

Herzlich

Daß diese Geschenke von Herzen kommen, versteht sich von selbst. Als Geschenkanhänger, Fenster- oder Raumschmuck werden sie lange Freude bereiten.

DAS BRAUCHEN SIE:

- Styroporherzen
- Bänder in Weiß, Rosa, Hellblau, Bordeaux, Altrosa (einfarbig und geblümt)
- Schlingenborte in Hellblau und Grün
- Seidenblumen
- Stecknadeln
- weißen Bastelleim
- Schere
- Lineal
- Bleistift
- Heißkleber
- Basteldraht

Anleitung

Großes Herz

- Für die Vorder- und Rückseite des Herzens (2 Hälften, 16 cm hoch) jeweils 35 geblümte und 35 weiße Bandstücke à 8 cm (4 cm breit) zuschneiden und nach Technik A zu Dreiecken falten (siehe Seite 8).
- Im Mittelpunkt einer Herzhälfte ein kleines Bandstück fixieren, dann pro Runde 5 Dreiecke einer Farbe aufstecken. Nach jeder Runde die Farbe wechseln (7 Runden pro Farbe).
- An der Herzaußenkante überstehende Bandstücke wegschneiden.
- Die 2. Herzhälfte genauso arbeiten. Danach beide Teile mit Bastelleim zusammenkleben.
- Die Stoßkante mit 2 Runden Schlingenborte abdecken.
- Von 1 cm breitem weißem Band üppige Schleifen legen und drahten.
- Mehrere Blütenstiele auf gewünschte Länge zuschneiden und auf der Herzoberseite anordnen. Zusammen mit den Schleifen und dem Aufhänger mit Heißkleber befestigen.

Kleines Herz mit Hellblau

- Styroporherz (10 cm hoch) je Herzseite mit 15 hellblauen und 15 weißen Dreiecken bestecken. Dazu von beiden 3 cm breiten Bändern 6 cm lange Stücke schneiden und nach Technik A falten.
- Dann pro Herzseite mit jeder Farbe 3 Runden à 5 Dreiecke im Artischockenmuster aufstecken. Nach jeder Runde die Farbe wechseln, überstehendes Band an den Außenkanten abschneiden.
- Die Stoßkante der beiden Herzseiten mit 1 Runde hellblauer Schlingenborte bekleben.
- Alles mit Seidenblumen und üppigen Schleifen verzieren.

Kleines Herz mit Rosa

- Dieses Herz im Prinzip genauso wie das hellblaue kleine Herz herstellen, jedoch für diese Farbvariante 5 geblümte, 5 bordeaux- und 20 altrosafarbene Dreiecke pro Herzseite aufstecken.
- Das Herz mit grüner Schlingenborte, Seidenblumen und rosa Schleifen verzieren.

Kunterbunt

Über solche farbenfrohen Geschenke freuen sich nicht nur Kinder. Bunte Papiere und ein paar Accessoires – fertig ist ein fetziges Mitbringsel!

Anleitung

Kugel zum Aufhängen

- Aus Faltpapier in 8 verschiedenen Farben jeweils 10 Quadrate à 5 x 5 cm zuschneiden und nach Technik D (siehe Seite 8) zu Dreiecken falten.
- Die Dreiecke auf einer Styroporkugel mit 12 cm Durchmesser feststecken, dabei nach jeder Runde die Farbe wechseln.
- Die Kugeloberseite mit einem ungefalteten Papierquadrat abdecken, ein Aufhängeband sowie eine Verzierung aus Tüll, bunten Bändern, Luftballons, Perlen und buntem Basteldraht anbringen.

Spandose

- Für diese Holzspandose (13 x 10 cm) 42 bunte Faltpapierquadrate à 5 x 5 cm in 8 verschiedenen Farben zuschneiden und nach Technik C zu Dreiecken falten.
- Im Mittelpunkt des Deckels 4 gleichfarbige Dreiecke mit den Spitzen zueinander aufkleben.
- In der 2. – 5. Runde Dreiecke in anderen Farben aufkleben. Die 6. und 7. Runde mit 8 Dreiecken arbeiten, an den Schmalseiten 3 weitere Dreiecke anfügen.
- Die Schachteloberseite als Schablone verwenden und eine ca. 1 cm breite Umrandung aus Tonkarton ausschneiden und aufkleben.

Windlicht

- Für ein Glas mit 8 cm Durchmesser und 12 cm Höhe 120 bunte Transparentpapierquadrate à 5 x 5 cm zuschneiden und wie bei der Kugel zu Dreiecken falten.
- In der 1. Runde 8 Dreiecke am oberen, äußeren Glasrand aufkleben. In versetzten Runden fortfahren, dabei jedesmal die Farbe wechseln. 15 Runden sind erforderlich.
- Zuletzt am oberen Glasinnenrand eine Runde Dreiecke versetzt zur 1. Außenrunde aufkleben.
- Das fertig beklebte Glas mit buntem Draht, Luftballons und aufgereihten Perlen verzieren.
- Zum Schluß eine Teelichtkerze in das Glas legen.

DAS BRAUCHEN SIE:

- buntes Faltpapier
- Transparentpapier
- Tonkarton
- Styroporkugel
- Holzspandose
- Gurkenglas
- Stecknadeln
- weißen Bastelleim
- Bleistift
- Schere
- Papiermesser (Cutter)
- Tüll
- schmale Bänder
- kleine Luftballons
- bunte Perlen
- farbigen Basteldraht
- Teelichtkerze

Schön dezent

Schlicht in der Farbe und gerade deshalb so attraktiv – lassen Sie sich von der Vielfalt der Papiere inspirieren.

DAS BRAUCHEN SIE:

- Holzspandosen
- Styroporkugeln
- naturfarbene Seidenpapiere
- Packpapier
- Tontopf
- weißen Bastelleim
- Stecknadeln
- Schere
- Papiermesser (Cutter)
- Lineal
- Bleistift
- Zirkel

Anleitung

Ovale Dose

- Für diese 11 x 16 cm große Holzspandose insgesamt 34 Quadrate von 5 x 5 cm zuschneiden. Davon sollen 16 Quadrate aus olivgrünem und 18 Quadrate aus beigefarbenem Seidenpapier bestehen.
- Alle Quadrate nach Technik E (siehe Seite 8) falten.
- Den Deckel senkrecht und waagerecht mit einem Bleistift zu gleichen Teilen unterteilen, um den Mittelpunkt festzulegen.
- Von dort aus die 1. Runde mit 4 grünen Quadraten bilden. In der 2. und 3. Runde jeweils 4 beigefarbene Quadrate anordnen, in der 4. Runde 4 und in der 5. Runde 8 grüne Quadrate. An den beiden Schmalseiten des Ovals zusätzlich jeweils 5 beigefarbene Quadrate verteilen; diese aber mit den mittleren Faltkanten nach unten aufkleben.
- Am Deckel überragendes Papier abschneiden und eine Umrandung aus hellem Packpapier aufkleben.

Kleine, runde Dose

- Die runde Spandose (8 cm Durchmesser) mit 4 zimtfarbenen und 8 beigefarbenen Seidenpapierquadraten gestalten, dazu die Quadrate von 5 x 5 cm nach Technik E falten und von innen nach außen aufkleben.
- Die Arbeit mit einem 1 cm breiten Rand aus Packpapier abschließen.

Große Kugel

- Eine Styroporkugel mit 8 cm Durchmesser in 2 Hälften bestecken. Dazu für beide Seiten je 12 zimtfarbene und 16 beigefarbene Seidenpapierquadrate von 5 x 5 cm zuschneiden und nach Technik D falten.
- Zunächst ein zimtfarbenes Papierstück für die Mustermitte aufstecken, danach pro Runde 4 Quadrate in folgender Farbabfolge anordnen: die 1. Runde in Zimt, die 2. und 3. in Beige, die 4. und 5. in Zimt und die 6. Runde in Beige.
- Die 2. Kugelhälfte gegengleich bestecken, und die Stecknadeln der letzten Runde mit einem Streifen des zimtfarbenen Papiers überkleben.

Kaktus

- Für eine Styroporkugel mit 5 cm Durchmesser 4 beigefarbene und 16 grüne Papierquadrate von 5 x 5 cm zuschneiden und nach Technik D falten.
- Mit einem beigefarbenen Quadrat und 4 Dreiecken beginnen und mit grünen Dreiecken bis zum Ende weiterarbeiten.
- Die Kugel mit Heißkleber auf einem Tontopf befestigen.

Ländlich

Diese dekorative Artischockenkugel aus Bast und Weizen mutet ländlich an. Dazu paßt die Karte und Schachtel aus blauem und braunen Geschenkpapier.

Anleitung

Große Bastartischocke

- Eine Styroporkugel mit 12 cm Durchmesser mit großen Dreiecken aus Bastgewebe bestecken. Dazu 56 Quadrate à 10 x 10 cm schneiden und nach Technik D (siehe Seite 8) falten.
- Zusätzlich je ein Stück Bast für die obere und untere Mustermitte zuschneiden.
- Die Bastdreiecke mit Eisenstecknadeln mit größerem Kopf auf der Kugel fixieren und zusätzlich mit einem Streifen Kreppklebeband entlang der Schnittkanten befestigen.
- 8 lange Weizenähren mit den Spitzen zur Mustermitte hin mit Heißkleber anbringen.

Passepartoutkarte

- Aus einer Klappkarte (15 x 20 cm) einen achteckigen Ausschnitt (8,5 x 10,5 cm) schneiden und diesen auf ein für die Karte zugeschnittenes Stück blauen Tonkarton (15 x 20 cm) übertragen.
- 18 blaue Papierkreppband- und 20 braun-blaue Geschenkpapierquadrate à 5 x 5 cm zuschneiden und nach Technik E zu kleinen Quadraten falten.
- Die Mitte des Ausschnittfeldes kennzeichnen und von dort aus die Quadrate (jeweils 4 pro Runde) aufkleben: 1. Runde mit braun-blauen, 2. und 3. Runde mit blauen, 4. und 5. Runde mit braun-blauen Quadraten.
- In der 6. Runde 4 zusätzliche braun-blaue Quadrate in die Artischockenmusterzwischenräume einarbeiten und den oberen und unteren Musterabschluß mit je 5 blauen Quadraten gestalten.
- Die äußeren Quadrate etwas über das aufgezeichnete Feld hinausragen lassen, das fertige Muster hinter dem Passepartoutausschnitt plazieren und festkleben.

Sechseckige Schachtel

- Pappschachteldeckel mit 9 cm Durchmesser mit 5 Runden im Artischockenmuster bekleben. Dazu vorab 12 Quadrate à 5 x 5 cm aus braun-blauem Geschenkpapier und 8 Quadrate von blauem Papierkreppband zuschneiden und nach Technik E falten.
- Den seitlichen Schachtelrand mit Geschenkpapier bekleben.
- Für die Oberseite der Schachtel einen blauen Tonkartonrahmen zuschneiden und aufkleben.

DAS BRAUCHEN SIE:

- große Styroporkugel
- Bastgewebe
- Weizenähren
- Klappkarte
- blauen Tonkarton
- sechseckige Schachtel
- braun-blaues Geschenkpapier
- blaues Papierkreppband
- lange Eisenstecknadeln
- Kreppklebeband
- weißen Bastelleim
- Heißkleber
- Schere
- Papiermesser (Cutter)
- Lineal
- Bleistift

Ein besonderer Rahmen

Wollen Sie ein Foto einmal anders verschenken?

Die Artischockentechnik macht es möglich. Die kleine Dose hält ein zusätzliches Geschenk bereit.

Anleitung

Großer Bilderrahmen

- Für einen Bildausschnitt von 10 x 15 cm aus einer ca. 2 cm starken Styroporplatte ein Rechteck von 21 x 16 cm zuschneiden.
- Mit Lineal und scharfem Messer ein um jeweils 3 cm ab Styroporaußenkante kleineres Rechteck ausschneiden.
- Den Styroporrahmen mit in Streifen geschnittenem Seidenpapier umwickeln.
- Aus dem gemusterten Papier 55 und aus dem einfarbigen Papier 68 Quadrate à 5 x 5 cm zuschneiden.
- 28 einfarbige Quadrate für die Rahmenecken nach Technik C (siehe Seite 8), die restlichen Quadrate nach Technik D zu Dreiecken falten.
- Die Dreiecke in Runden vom Rahmenaußenrand hin zum Innenrand aufkleben: die 1. Runde mit gemusterten Papierdreiecken (nach Falttechnik D) mit 2 cm Abstand von den Rahmenecken beginnen. In der 2. Runde mit einfarbigen Dreiecken weiterarbeiten. Diesen Farbwechsel stets wiederholen.
- Das Foto auf ein Stück Pappe aufkleben und von hinten am Rahmen befestigen. Zum Schluß einen selbstklebenden Bildaufhänger anbringen.

Kleiner Bilderrahmen

- Für den kleineren Rahmen (Bildausschnitt von 9 x 7 cm) ein 13 x 11 cm großes Styroporrechteck zuschneiden und mit einem Ausschnitt versehen. Die Rahmenbreite beträgt 2 cm.
- 48 Quadrate à 4 x 4 cm aus gemustertem und 60 Quadrate aus einfarbigem Papier zuschneiden.
- Für die Rahmenecken 28 einfarbige Dreiecke nach Falttechnik C, die übrigen nach Falttechnik D herstellen.
- In der 1., gemusterten Runde mit ca. 1 cm Abstand von der Ecke beginnen, ansonsten wie beim großen Rahmen fortfahren.

Runde Spandose

- 36 Papierquadrate à 3 x 3 cm zuschneiden (24 gemusterte, 12 einfarbige).
- Die einfarbigen Quadrate nach Technik C, die gemusterten Quadrate nach Technik D falten.
- Mit 4 gemusterten Dreiecken die 1. Runde bilden. In der 2. Runde einfarbige Dreiecke aufkleben. Diesen Farbwechsel bis zur 5. Runde wiederholen. In der 6. Runde 8 gemusterte Dreiecke zusätzlich in die größeren Zwischenräume des Artischockenmusters setzen.
- Den Deckelabschluß aus einfarbigem Papier gestalten.

DAS BRAUCHEN SIE:

- Geschenkpapiere (einfarbig und gemustert)
- Styroporplatte
- Seidenpapier
- Holzspandose
- Pappe
- Schere
- weißen Bastelleim
- scharfes Messer
- Lineal
- Bleistift
- selbstklebende Bildaufhänger

DAS BRAUCHEN SIE:

- Passepartoutkarten
- Tischkärtchen
- Holzspandose
- gemusterte Geschenkpapiere in zarten Farben
- Papierkreppband
- Perlen
- gelbe Schlingenborte
- weißen Bastelleim
- Schere
- Papiermesser (Cutter)
- Lineal

Romantisch

Eine in diesen zarten Farben gearbeitete Grußkarte übermittelt ganz besonders liebe Grüße. Sie ist auch als Tischdekoration für einen feierlichen Anlaß geeignet, ergänzt durch passende Tischkärtchen.

Anleitung

Große Karte

- Den runden Ausschnitt einer 14,7 x 21 cm großen Passepartoutkarte mit Bleistift auf die Innenkarte übertragen und den Mittelpunkt festlegen.
- Diese Fläche mit 28 Quadraten aus gemustertem Geschenkpapier und 8 aus roséfarbenem Papierkreppband bekleben (Ausgangsquadrate 6 x 6 cm, nach Falttechnik E, siehe Seite 8). Dabei die 1. Runde mit gemustertem, die 2. und 3. Runde mit einfarbigem und die 4. – 6. Runde mit gemustertem Papier arbeiten. In der 5. Runde zusätzlich 8 Quadrate in die Musterzwischenräume kleben.
- Die Innenkarte mit dem fertigen Muster hinter dem Ausschnitt plazieren und festkleben.
- Die vordere Ausschnittkante und die roséfarbenen Papierspitzen mit Perlen verzieren.

Kleine Karte

- Die kleine Passepartoutkarte (10,4 x 14,7 cm) mit ovalem Ausschnitt (8 x 11,5 cm) mit 22 gemusterten Geschenkpapier- und 8 blauen Papierkreppbandquadraten wie die große Karte gestalten.
- Diesmal die Ausschnittkarte mit gelber Schlingenborte verzieren.

Tischkärtchen in Rosé

- Aus 5 Quadraten à 5 x 5 cm kleine Quadrate nach Technik E aus gemustertem Geschenkpapier falten.
- Das Tischkärtchen (4,5 x 10 cm) am rechten Rand damit bekleben, kleine Perlen befestigen.

Tischkärtchen in Blau

- 2 nach Technik E gefaltete Quadrate aus gemustertem Geschenkpapier und ein Stück gelbe Schlingenborte aufkleben. Ein drittes Quadrat zum Dreieck falten und zum Schluß darübersetzen.

Runde Dose

- Den Deckel einer Spandose (9 cm Durchmesser) mit einfarbig blauen Kreppband- und gemusterten Geschenkpapierquadraten bekleben. Dazu den Mittelpunkt des Deckels markieren und für die 1. Runde 4 blaue, für die folgenden 4 Runden 24 gemusterte Quadrate à 4 x 4 cm zuschneiden, nach Technik E falten und wie bei den Karten aufkleben.
- Am Deckelrand überstehendes Papier wegschneiden. Den Deckel oben mit gelber Schlingenborte und den Rand mit einem Geschenkpapierstreifen verzieren.

FESTLICHE DEKORATIONEN

Österlich

Diese schöne Osterdekoration wurde aus Papierkreppband gearbeitet. Das große Ei hat der Osterhase bestimmt mit etwas Süßem gefüllt.

Anleitung

Große Eidose

- Beide Hälften eines 10 x 15 cm großen Styroporeies durch je eine vertikal und horizontal eingezeichnete Linie in 4 Teile unterteilen.
- Pro Eihälfte 22 lachsfarbene, 36 gelbe und 8 grüne Quadrate à 6 x 6 cm aus Papierkreppband zuschneiden und nach Technik C (siehe Seite 8) zu Dreiecken falten.
- Die 1. Runde aus 4 gelben Dreiecken bilden, die 2. und 3. Runde aus jeweils 4 lachsfarbenen Dreiecken anschließen. In der 4. und 5. Runde jeweils mit einem grünen und einem lachsfarbenen Dreieck abwechseln. Bis zur Eiaußenkante mit lachsfarbenen und gelben Dreiecken weiterarbeiten, dabei ab der 7. Runde zusätzliche gelbe Dreiecke in die Zwischenräume des Musters kleben.
- Die Innenseite der Eihälfte mit Seidenpapier auskleiden, den Rand mit gelbem Stoffband (6 cm breit) verzieren und oben eine Schleife binden.
- Die andere Eihälfte genauso arbeiten.

Kleine Eier

- Für die kleinen Eier mit „Längsstreifenmuster" (6 cm groß; links und unten) je 28 Quadrate in Gelb bzw. Grün und 28 Quadrate in Lachs à 3 x 3 cm aus Papierkreppband schneiden und nach Technik C falten.
- Die nach unten hängende Eispitze mit einem zusätzlichen gelben bzw. grünen Papierquadrat bestecken. Die 1. Runde mit 4 lachsfarbenen Dreiecken, die 2. Runde in Gelb bzw. Grün arbeiten. Nach jeder Runde die Farbe wechseln.
- Nach 6 Runden pro Farbe die freie Eifläche mit einem ungefalteten Stück Papierkreppband abdecken.
- Für das grün-lachsfarbene Ei („gepunktete" Variation; oben rechts) abwechselnd 2 Runden in Lachs und 1 Runde in Grün gestalten.
- Die Eier oben mit Schleifen aus Stoff- oder Papierkreppband und Bast verzieren.
- Zur Aufhängung ein längeres Stück Stoffband einarbeiten und mit Kupferdraht stellenweise abbinden.

DAS BRAUCHEN SIE:

- großes Styroporei (hohl, zweiteilig)
- kleine Styroporeier
- Papierkreppband in Gelb, Grün und Lachs
- Stoffbänder in Gelb (einfarbig und gemustert)
- Seidenpapier
- Kupferdraht
- Bast
- Stecknadeln
- weißen Bastelleim
- Maßband
- Bleistift
- Schere

Ei, wie groß!

So ein großes Osterei ist ein unübersehbarer Blickfang in Ihrem Fenster. Das kleine Kränzchen schmückt den Tisch beim Osterfrühstück.

Anleitung

DAS BRAUCHEN SIE:

- großes Styroporei (hohl, zweiteilig)
- Styroporring
- unterschiedlich breite Bänder in Weiß, Rosa, Dunkelrosa, Grün und geblümte Bänder
- weißes Spitzenband
- Rundholzstab
- Seidenblüten
- Stecknadeln
- Schere
- Maßband
- Bleistift
- Basteldraht
- Heißkleber

Großes Ei

- Aus 4 cm breitem Band jeweils 8 cm große Stücke schneiden und nach Technik B (siehe Seite 8) falten. Folgende Dreiecke werden benötigt: 8 in Weiß, 32 in Rosa, 32 in Dunkelrosa, 68 geblümte.
- Die 1. – 8. Runde mit je 4 Dreiecken bestecken: 1. Runde in Weiß, 2. und 3. Runde geblümt, 4. – 7. Runde in Rosa, 8. Runde in Dunkelrosa.
- Für die ovale Ausformung des Musters in der 9. Runde 8 weitere dunkelrosa Dreiecke in die Zwischenräume aller bis dahin angeordneten Musterspitzen setzen.
- Die 10. – 13. Runde ebenfalls aus jeweils 8 Dreiecken bilden.
- Die Eispitze mit 2 zusätzlich aufgesteckten Dreiecken ausformen.
- Überstehendes Band rundherum zurückschneiden.
- Die andere Eihälfte genauso arbeiten, die Teile zusammenstecken.
- Die seitliche Musterstoßlinie mit weißem, 2,5 cm breitem, gekräuseltem Band abdecken.
- Oben eine Aufhängung aus weißem, 1 cm breitem Band anbringen.
- Mehrere üppige Schleifen aus unterschiedlich breiten Bändern anfertigen, drahten und danach mit Heißkleber befestigen.

Eihalterkränzchen

- 26 geblümte und 26 weiße, 4 cm lange Stücke von 2 cm breitem Band schneiden und nach Technik A zu Dreiecken falten.
- Gut die Hälfte eines Styroporringes mit 10 cm Durchmesser damit bestecken (Anleitung für Kränze siehe auch Seite 19). Die 1. Reihe mit 2 geblümten, die 2. Reihe versetzt mit 2 weißen Dreiecken bestecken, hierbei stets „verkürzte“ Reihen arbeiten, damit die Unterseite freibleibt. Nach jeder Reihe die Farbe wechseln.
- Die frei bleibende Hälfte mit weißem Band umwickeln, Anfang und Ende fixieren. Die Unterseite des Kränzchens mit weißem Band bestecken.
- Einen mit grünem, 1,5 cm breitem Band umwickelten dünnen Rundholzstab (ca. 12 cm lang) so über den Kranz kleben, daß ein Hühnerei nicht durchrutschen kann.
- Die weiße Ringhälfte und den Stab mit Seidenblüten, einer Schleife und Spitzenband dekorieren.

DAS BRAUCHEN SIE:

- Styroporeier in 3 Größen
- einfarbige und geblümte Bänder in verschiedenen Breiten
- frühlingshafte Seidenblumen
- Dekoefeuranke
- Heu
- Terrakottaschale
- Steckmasse
- Stecknadeln
- Basteldraht
- Schere
- Heißkleber
- Maßband
- Bleistift

Ei, Ei, Ei

Ein Osterstrauß in zarten Frühlingsfarben, dazu passend eine hübsche Blumenschale mit Artischockenei - das wird ein fröhliches Osterfest!

Anleitung

Eier zum Aufhängen

- Für die Eier zum Aufhängen genügend einfarbige und gemusterte Bänder (4 cm breit) in 8 cm lange Stücke schneiden und nach Technik A (siehe Seite 8) zu Dreiecken falten.
- Jeweils an der Eispitze ein Stück Band aufstecken und dort mit dem Artischockenmuster beginnen: Jede Runde aus 4 Dreiecken arbeiten, die nächsten 4 versetzt anordnen.
- Für ein 10 cm großes Ei 16 Runden, für ein 8 cm großes Ei 12 Runden und für ein 6 cm großes Ei 9 Runden veranschlagen. Das Streifenmuster ergibt sich durch Farbwechsel nach jeder Runde.
- Die frei gebliebenen Eioberseiten mit üppigen gedrahteten Schleifen bekleben, dafür Bänder in verschiedenen Breiten verwenden.
- Für die Aufhängung eine Schleife aus schmalem Band mit einer längeren Schlaufe herstellen und mit einer Stecknadel und Heißkleber fixieren.

Ei in Terrakottaschale

- Um ein 10 cm großes Ei komplett zu bestecken, werden 16 Stücke rosa Band, 16 in Weiß und 32 geblümte Stücke benötigt. Dazu von 4 cm breitem Band 8 cm lange Stücke schneiden und nach Technik B falten.
- Das Ei mit einem Stift in zwei Hälften aufteilen (senkrecht) und den Mittelpunkt der ersten Fläche markieren. Von dort ausgehend die 1. und 2. Runde mit rosa, die 3. und 4. Runde mit weißen und die 5. – 8. Runde mit geblümten Dreiecken bestecken, jeweils 4 Dreiecke pro Runde.
- Über die Eihälfte stehende Bandstücke zurückschneiden.
- Die andere Eihälfte auf die gleiche Weise gestalten.
- Mit einfarbigem, 1,5 cm breitem Band die Stoßlinie der beiden Musterhälften abdecken.
- Ein Stück Steckmasse in eine runde Terrakottaschale mit 20 cm Durchmesser kleben.
- Seidenblumen in Blau und Gelb mit Dekoefeuranken und farblich passenden Schleifen auf der Steckmasse anordnen.
- Die Zwischenräume mit Heu auffüllen, das Artischockenei hineinlegen und eventuell mit Heißkleber an der Schale festkleben. Für diesen Fall reicht es, nur eine Eihälfte zu dekorieren.

Weihnachtlich

Hier vermischt sich der Duft von Zimt und Weihnachtsgebäck – eine stimmungsvolle Tischdekoration.

Anleitung

Zimtgebinde

- Für die Styroporkugel mit 5 cm Durchmesser Dreiecke aus rot-goldenem Band in 2 unterschiedlichen Faltungen vorbereiten: 4 cm breites Band der Länge nach halbieren, davon 24 Stücke à 4 cm schneiden und nach Technik B falten. 12 Stücke von 4 cm breitem Band à 8 cm schneiden und nach Technik A falten.
- Die ersten 6 Runden mit jeweils 4 kleinen, die 7. – 9. Runde mit den großen Dreiecken bestecken.
- Das Band mit Mäusemotiv zu einer Doppelschleife drahten. Die Enden zu Spitzen legen und festkleben. Grünes, 1,5 cm breites Band zur Doppelschleife, Goldschnur zu 2 mehrschlaufigen Schleifen legen, drahten und auf der Mitte von 3 langen gebündelten Zimtstangen befestigen.
- Zum Schluß die Artischockenkugel mit Heißkleber aufkleben.

Gebinde in Creme, Grün und Gold
(Bild Seite 48/49)

- Dieses Gebinde im Prinzip wie das Zimtgebinde gestalten: Dazu von 4 cm breitem Band in Creme und Grün 8 cm lange Stücke schneiden und nach Technik A falten.
- Einige Schleifen aus Perlenschnur und Spitzenband einarbeiten. Die Zimtstangen zusätzlich mit goldenem Band umwickeln.

Geschenkdose

- Die Styropordose (15 cm Durchmesser) innen und außen mit grüner Bastelfarbe bemalen.
- Das untere Dosenteil mit auf die notwendige Breite zugeschnittenem Band mit Mäusemotiv bekleben. Die Bandschnittkanten mit grüner Schlingenborte verdecken.
- Die Deckelmitte mit einem Stück grünem Band abdecken, im Artischockenmuster bis zum Deckelrand arbeiten. Dafür 8 Runden à 4 Dreiecke (Falttechnik A, siehe Seite 8) aufstecken: 16 Bandstücke mit Mäusemotiv (8 x 4 cm) für die 1., 2., 7. und 8. Runde und 16 Bandstücke in Grün für die 3.– 6. Runde verwenden.
- Überstehendes Band zurückschneiden, den Deckelrand mit 2 Runden grüner Schlingenborte verzieren.
- Je 1 Holzperle auf 4 Stecknadeln spießen und als Füßchen in die Unterseite der Dose stecken. Für die Deckelmitte 3 Holzperlen als Griff aufspießen und festkleben.

DAS BRAUCHEN SIE:

- Styropordose
- Styroporkugeln
- Bänder in Grün, Rot-Gold und mit Mäusemotiv
- Goldschnur
- grüne Schlingenborte
- grüne Bastelfarbe
- lange Zimtstangen
- Holzperlen
- Stecknadeln mit großem und kleinem Kopf
- Basteldraht
- Schere
- Maßband
- Heißkleber

Süßer die Glocken …

Klingen werden diese Glocken aus marmoriertem und einfarbigem Papier zwar nie, um so mehr sind sie aber etwas fürs Auge.

DAS BRAUCHEN SIE:

- Styroporglocken
- Kerzenhalter aus Styropor
- marmoriertes Geschenkpapier
- einfarbiges Seidenpapier
- weißen Tonkarton
- goldene Bastelfarbe
- schmales blaues Band
- blauen und goldenen Basteldraht
- Zimtstangen
- Kerze
- Stecknadeln
- Pinsel
- weißen Bastelleim
- Schere
- Bleistift

Anleitung

Große Glocke

- Je 56 Quadrate à 5 x 5 cm aus marmoriertem Geschenkpapier und aus einfarbigem olivgrünem Seidenpapier zuschneiden und nach Technik D (siehe Seite 8) falten.
- Die Unterseite der Styroporglocke (9 cm hoch, 11 cm Durchmesser) mit einem Kreis aus weißem Tonkarton bekleben und mit goldfarbener Bastelfarbe bemalen. Farbe gut trocknen lassen.
- Die ersten 8 einfarbigen Dreiecke am unteren Glockenrand feststecken, die Dreiecksspitzen ca. 1,5 cm über den Rand hinausragen lassen.
- In der 2. Runde 8 marmorierte Papierdreiecke versetzt dazu anbringen, diesen Farbwechsel nach jeder Runde bis zur Glockenoberseite wiederholen (7 Runden pro Farbe).
- Die frei bleibende Fläche mit einem ungefalteten Stück marmoriertem Papier abdecken.
- Einen Papierstreifen, mit goldenem Draht umwickelt, als Aufhängung anbringen.
- Aus einfarbigem olivgrünem Seidenpapier und schmalem dunkelblauem Band Schleifen anfertigen und aufstecken.
- Mit blauem und goldenem Draht Zimtstangen umwickeln und die Glocke damit verzieren.

Kleine Glocke

- Styroporglocke mit 8 cm Durchmesser (7 cm hoch) genauso wie die große Glocke anfertigen.
- Pro Farbe 30 Dreiecke falten. In 10 Runden à 6 Dreiecke vom unteren Glockenrand zur Glockenoberseite arbeiten.

Kerzenhalterkugel

- Einen Kerzenhalter aus Styropor (8 cm Durchmesser) mit gerader Standfläche als Steckuntergrund verwenden. Die Ober- und Unterseite mit goldener Bastelfarbe bemalen.
- Die Dreiecke aus dem gleichen Papier wie bei den Glocken und nach der gleichen Falttechnik herstellen, pro Farbe sind 32 Dreiecke nötig.
- Für die 1. Runde 4 Dreiecke an der Oberseite rund um das Kerzenloch feststecken, dabei – auch in den Folgerunden – mit 1 einfarbigen und 1 marmorierten Papierdreieck abwechseln. Die 16 Runden bis zur Unterseite so gestalten, daß sich senkrechte „Streifen" ergeben.
- Den Kerzenhalter zum Schluß mit Draht und Zimtstangen verzieren.

Oh Tannenbaum!

Tannenbäume müssen nicht immer grün sein.

Solche Bäumchen aus beliebigen Weihnachtsstoffen und -bändern sind hübsche Dekorationen für den Tisch und die Fensterbank.

Anleitung

Baum in Creme-Gold

- Aus cremefarbenem Sternenmusterstoff und Goldlaméstoff 7 x 7 cm große Quadrate schneiden und nach Technik C (siehe Seite 8) zu Dreiecken falten. Es werden insgesamt 135 Teile benötigt, rund 25 davon sollten aus Goldlamé bestehen.
- Den Boden des 28 cm hohen Styroporkegels zuerst mit einem Stoffkreis von 15 cm Durchmesser bekleben.
- Für die 1. Runde am unteren Rand 5 Dreiecke aus Sternenstoff aufstecken und etwa 2 cm über den unteren Rand hinausragen lassen. In die weiteren 27 Runden aus dem gleichen Stoff ab und zu Goldlamédreiecke nach Belieben einarbeiten.
- Die letzten 2–3 Runden nur mit Goldlamé gestalten, den Abschluß bildet ein rundes Stoffstück.
- Die Kegelspitze mit 3 kleinen Schleifen aus cremefarbenem Spitzenband bekleben.
- 4 Perlen auf eine lange Stecknadel aufspießen und mit Heißkleber auf der Kegelspitze befestigen.
- Die Schleifenmitten mit goldenen Sternen verzieren.

Bäumchen in Rot-Grün

- Die 20 cm hohen Styroporkegel so wie den großen Kegel herstellen. Zuvor den Kegelboden mit einem Stoffkreis von 10 cm Durchmesser bekleben.
- Die 1. Runde, die diesmal aus 4 Dreiecken besteht, mit den Spitzen ca. 2 cm über den Kegelbodenrand überstehen lassen.
- Die farbliche Anordnung der Dreiecke ist von Baum zu Baum unterschiedlich: Für den längsgestreiften Baum (rechts) 1 Runde aus grün- und 1 Runde aus rotgemustertem Stoff im Wechsel aufstecken. Je Farbe sind 9 Runden erforderlich.
- Die Kegelspitze mit 3 roten Schleifen und aufgespießten roten Holzperlen verzieren.
- Das Muster des quergestreiften Baumes (Mitte) ergibt sich hingegen aus der Anordnung von je 2 Runden grün-weiß-gemustertem Stoff und rotgoldenen Bänderdreiecken im stetigen Wechsel.
- Die Kegelspitze mit 3 grünen Schleifen und aufgespießten Holzkugeln und -glocken dekorieren.

DAS BRAUCHEN SIE:

- Styroporkegel in unterschiedlichen Größen
- Bänder und Stoffe in Grün, Rot und mit verschiedenen Weihnachtsmotiven
- Goldlaméstoff
- cremefarbenes Spitzenband
- lange und kurze Stecknadeln
- Perlen und kleine Holzglocken
- Glitzersterne
- Basteldraht
- Schere
- Lineal
- Heißkleber

Schmückend

Schöner Weihnachtsbaumschmuck, Ton in Ton - die Auswahl an edlen Bändern läßt keine Wünsche offen.

Anleitung

Kugel

- 4 cm breites cremefarbenes Band in 8 cm lange Stücke schneiden (48 Teile) und nach Technik A (siehe Seite 8) falten. Die Styroporkugel mit 11 cm Durchmesser in 12 Runden im Artischockenmuster bestecken.
- Eine Schleifendekoration aus cremefarbenem, 2,5 cm breitem Band sowie aus Perlen- und Goldschnur mit einer Aufhängeschlaufe an der Kugel befestigen.

Glocke

- Für die Styroporglocke mit 8 cm Durchmesser (7 cm hoch) 2,5 cm breites Band verwenden, und jeweils 35 Stücke à 5 cm aus dem einfarbig goldenen und aus dem karierten Band schneiden. Alle Teile nach Technik A falten.
- Zuerst 5 einfarbige Dreiecke an der Glockenoberseite feststecken. Die 2., versetzte Runde aus 5 gold-weiß-karierten Dreiecken bilden. Diese Abfolge in 13 Runden bis zum unteren Glockenrand wiederholen.
- Einen Pappkreis (8 cm Durchmesser) mit weißem Baumwollstoff beziehen und von unten gegen die Glocke kleben; in die Mitte eine goldene Perle setzen.
- Den Glockenrand mit 3 Runden goldener Schlingenborte bekleben.
- Eine Aufhängung aus weiß-goldener Kordel mit Heißkleber befestigen.

Engel

- Für eine Styroporkugel mit 6 cm Durchmesser von 4 cm breitem Band insgesamt 40 Stücke à 8 cm abschneiden: 35 creme- und 5 goldfarbene. Diese Teile nach Technik A falten.
- 4 cremefarbene Dreiecke pro Runde feststecken, dabei in jeder 2. Runde eines durch ein goldenes ersetzen, damit ein Längsstreifen auf der Kugelvorderseite entsteht.
- Die Enden eines 20 cm langen cremefarbenen Bandes zusammenkleben. Mit Hilfe eines eingezogenen Nähfadens einen Kragen kräuseln.
- Einen Engelskopf mit einem Zahnstocher aufstecken und zusätzlich festkleben.
- Zum Schluß goldene Flügel, eine Perlenschleife und eine Aufhängung aus Goldschnur anbringen.

Zapfen und Ei

- Den 11 cm langen Styroporzapfen in 24 Runden à 4 Dreiecke aus goldfarbenen Bandstücken (5 x 2,5 cm nach Falttechnik A) bestecken.
- Das 9 cm lange Ei unten links mit dem gold- und cremefarbenen Band (2,5 cm breit) in 8 Runden pro Farbe gestalten. Dabei nach jeder Runde die Farbe wechseln.
- Aus cremefarbenem Band und Goldschnur eine Schleifendekoration und die Aufhängung kleben.

DAS BRAUCHEN SIE:

- Styroporkugeln
- Styroporglocken
- Styroporzapfen
- Styroporei
- Bänder in Gold und Creme, unterschiedlich breit
- Goldschnur
- goldene Schlingenborte
- weiß-goldene Kordel
- goldene Perlenschnur
- Engelskopf
- goldene Flügel
- Sternchen
- Zahnstocher
- Pappe
- weißen Baumwollstoff
- Stecknadeln
- Nähgarn
- Basteldraht
- Heißkleber
- Schere
- Lineal

In der Reihe „Ideen über Ideen" sind im FALKEN Verlag noch weitere Titel erschienen. Sie sind überall dort erhältlich, wo es Bücher gibt.

Die Autorinnen und ihre Beiträge:
Maritta von Perbandt: Seite 12–19, 22–27, 32–37, 48/49, 52–57, 60–63
Kerstin Teuber: Seite 20/21, 28/29, 38–47, 50/51, 58/59

Die Deutsche Bibliothek – CIP-Einheitsaufnahme

Artischockentechnik : Dekoratives aus Bändern, Papier und Bast / Maritta von Perbandt ; Kerstin Teuber. – Niedernhausen/Ts. : FALKEN 1996
(Ideen über Ideen)
ISBN 3-8068-1682-4

ISBN 3 8068 1682 4

Umschlaggestaltung: Andreas Jacobsen
Redaktion: Heike Schulz
Herstellung: Petra Zimmer
Titelbild: Photo Illustrations Ltd., London
Fotos: Photo Illustrations Ltd., London
Zeichnungen: Ulrike Hoffmann, Bodenheim

Satz: Falken-Verlag GmbH, Niedernhausen/Ts.
Druck: Karl Neef GmbH & Co., Wittingen

817 2635 4453 6271